This planner belongs to

_____

Example

Jessie

OCCUPATION: FITNESS COACH

PROFILE

[any background info about this
person
e.g. Jessie is the creator of 30 day
core fitness challenge. She has
been a personal fitness coach for
2 years and looking to expand
online.]

CONTACT DETAILS

[contact email, social media, tel.
and other contact details
e.g. Los Angeles, California
+(90) 1234 4567 8910
www.hellopeter.com
fb.com / hellojessie]

EXPERIENCE

[what this person is doing
now and previously
e.g. Jessie is teaching
fitness in a local studio and
also her own fitness gym
room.

INTERESTS

[what this person is interested in
e.g. Passive income,
yoga, healthy diet,
nutrition,
meal planning]

FOLLOW UP ACTIONS

DATE

1st Call with Jessie to understand how she wants to expand
her fitness coaching business, she wants more idea about
expanding online presence

4 May

Send Jessie proposal by email, Follow up with her in a week

12 May

OCCUPATION:_____

PROFILE | CONTACT DETAILS

EXPERIENCE | INTERESTS

FOLLOW UP ACTIONS   DATE

OCCUPATION:_____

PROFILE | **CONTACT DETAILS**

EXPERIENCE | **INTERESTS**

FOLLOW UP ACTIONS   **DATE**

OCCUPATION:_____

PROFILE | CONTACT DETAILS

EXPERIENCE | INTERESTS

FOLLOW UP ACTIONS   DATE

_____

OCCUPATION:_____

PROFILE   **CONTACT DETAILS**

EXPERIENCE   **INTERESTS**

FOLLOW UP ACTIONS   DATE

OCCUPATION:_____

PROFILE | CONTACT DETAILS

EXPERIENCE | INTERESTS

FOLLOW UP ACTIONS   DATE

━━━━━━━━━━━━━━━━━━━━━━━━━

OCCUPATION:_____

PROFILE | **CONTACT DETAILS**

EXPERIENCE | **INTERESTS**

FOLLOW UP ACTIONS   **DATE**

_____

OCCUPATION:_____

PROFILE | CONTACT DETAILS

EXPERIENCE | INTERESTS

FOLLOW UP ACTIONS   DATE

OCCUPATION:_____

PROFILE | **CONTACT DETAILS**

EXPERIENCE | **INTERESTS**

FOLLOW UP ACTIONS   **DATE**

————————————————

OCCUPATION:_____

PROFILE | **CONTACT DETAILS**

EXPERIENCE | **INTERESTS**

FOLLOW UP ACTIONS   **DATE**

OCCUPATION:_____

PROFILE | **CONTACT DETAILS**

EXPERIENCE | **INTERESTS**

FOLLOW UP ACTIONS   **DATE**

_____

OCCUPATION: _____

PROFILE | CONTACT DETAILS

EXPERIENCE | INTERESTS

FOLLOW UP ACTIONS   DATE

————————————

OCCUPATION: _ _ _ _ _ _ _ _ _ _ _ _ _ _

PROFILE | **CONTACT DETAILS**

EXPERIENCE | **INTERESTS**

FOLLOW UP ACTIONS **DATE**

OCCUPATION:_ _ _ _ _ _ _ _ _ _ _ _ _ _ _ _ _ _ _

PROFILE | CONTACT DETAILS

EXPERIENCE | INTERESTS

FOLLOW UP ACTIONS   DATE

OCCUPATION: _ _ _ _ _ _ _ _ _ _ _ _ _ _ _ _ _ _ _

PROFILE | **CONTACT DETAILS**

EXPERIENCE | **INTERESTS**

FOLLOW UP ACTIONS   **DATE**

_____

OCCUPATION:_____

PROFILE | CONTACT DETAILS

EXPERIENCE | INTERESTS

FOLLOW UP ACTIONS | DATE

_____

OCCUPATION:_____

PROFILE | **CONTACT DETAILS**

EXPERIENCE | **INTERESTS**

FOLLOW UP ACTIONS   **DATE**

OCCUPATION:_____

PROFILE | CONTACT DETAILS

EXPERIENCE | INTERESTS

FOLLOW UP ACTIONS   DATE

————————————————

OCCUPATION: _____

PROFILE | **CONTACT DETAILS**

EXPERIENCE | **INTERESTS**

FOLLOW UP ACTIONS   **DATE**

OCCUPATION:_ _ _ _ _ _ _ _ _ _ _ _ _ _ _ _ _ _

PROFILE | CONTACT DETAILS

EXPERIENCE | INTERESTS

FOLLOW UP ACTIONS   DATE

██████████████████████████████

OCCUPATION:_ _ _ _ _ _ _ _ _ _ _ _ _ _ _ _ _ _ _

PROFILE | **CONTACT DETAILS**

EXPERIENCE | **INTERESTS**

FOLLOW UP ACTIONS   **DATE**

OCCUPATION:_____

PROFILE | CONTACT DETAILS

EXPERIENCE | INTERESTS

FOLLOW UP ACTIONS   DATE

OCCUPATION:_____

PROFILE | **CONTACT DETAILS**

EXPERIENCE | **INTERESTS**

FOLLOW UP ACTIONS   **DATE**

OCCUPATION: _____

PROFILE | CONTACT DETAILS

EXPERIENCE | INTERESTS

FOLLOW UP ACTIONS   DATE

―――――――――――――――――――

OCCUPATION:_ _ _ _ _ _ _ _ _ _ _ _ _ _ _ _ _ _

PROFILE | CONTACT DETAILS

EXPERIENCE | INTERESTS

FOLLOW UP ACTIONS   DATE

_____

OCCUPATION:_____

PROFILE | CONTACT DETAILS

EXPERIENCE | INTERESTS

FOLLOW UP ACTIONS   DATE

OCCUPATION: _____

PROFILE | **CONTACT DETAILS**

EXPERIENCE | **INTERESTS**

FOLLOW UP ACTIONS   **DATE**

OCCUPATION: _____

| PROFILE | CONTACT DETAILS |

| EXPERIENCE | INTERESTS |

FOLLOW UP ACTIONS   **DATE**

OCCUPATION:_____

PROFILE | CONTACT DETAILS

EXPERIENCE | INTERESTS

FOLLOW UP ACTIONS   DATE

OCCUPATION:_____

PROFILE | CONTACT DETAILS

EXPERIENCE | INTERESTS

FOLLOW UP ACTIONS   DATE

━━━━━━━━━━━━━━━━━━

OCCUPATION:_____

PROFILE | **CONTACT DETAILS**

EXPERIENCE | **INTERESTS**

FOLLOW UP ACTIONS   **DATE**

OCCUPATION: _ _ _ _ _ _ _ _ _ _ _ _ _ _ _ _

PROFILE | CONTACT DETAILS

EXPERIENCE | INTERESTS

FOLLOW UP ACTIONS   DATE

OCCUPATION: _____

PROFILE | **CONTACT DETAILS**

EXPERIENCE | **INTERESTS**

FOLLOW UP ACTIONS   **DATE**

_____

OCCUPATION:_____

PROFILE | CONTACT DETAILS

EXPERIENCE | INTERESTS

FOLLOW UP ACTIONS   DATE

————————————

OCCUPATION:_____

PROFILE | **CONTACT DETAILS**

EXPERIENCE | **INTERESTS**

FOLLOW UP ACTIONS   **DATE**

OCCUPATION: _

PROFILE | CONTACT DETAILS

EXPERIENCE | INTERESTS

FOLLOW UP ACTIONS   DATE

OCCUPATION: _ _ _ _ _ _ _ _ _ _ _ _ _ _ _ _ _

PROFILE | CONTACT DETAILS

EXPERIENCE | INTERESTS

FOLLOW UP ACTIONS   DATE

OCCUPATION: _ _ _ _ _ _ _ _ _ _ _ _ _ _ _ _ _ _

PROFILE | CONTACT DETAILS

EXPERIENCE | INTERESTS

FOLLOW UP ACTIONS   DATE

OCCUPATION: _____

PROFILE | **CONTACT DETAILS**

EXPERIENCE | **INTERESTS**

FOLLOW UP ACTIONS   **DATE**

OCCUPATION:_____

PROFILE | CONTACT DETAILS

EXPERIENCE | INTERESTS

FOLLOW UP ACTIONS   DATE

OCCUPATION: _____

PROFILE | CONTACT DETAILS

EXPERIENCE | INTERESTS

FOLLOW UP ACTIONS   DATE

—————————————————

OCCUPATION:_____

PROFILE | CONTACT DETAILS

EXPERIENCE | INTERESTS

FOLLOW UP ACTIONS   DATE

OCCUPATION:_____

PROFILE   **CONTACT DETAILS**

EXPERIENCE   **INTERESTS**

FOLLOW UP ACTIONS   **DATE**

━━━━━━━━━━━━━━━━━━━━

OCCUPATION:_____

PROFILE | CONTACT DETAILS

EXPERIENCE | INTERESTS

FOLLOW UP ACTIONS   DATE

OCCUPATION: _____

PROFILE | **CONTACT DETAILS**

EXPERIENCE | **INTERESTS**

FOLLOW UP ACTIONS   **DATE**

OCCUPATION:_ _ _ _ _ _ _ _ _ _ _ _ _ _ _ _ _ _

PROFILE | **CONTACT DETAILS**

EXPERIENCE | **INTERESTS**

FOLLOW UP ACTIONS   **DATE**

OCCUPATION: _ _ _ _ _ _ _ _ _ _ _ _ _ _ _ _ _ _ _

PROFILE | **CONTACT DETAILS**

EXPERIENCE | **INTERESTS**

FOLLOW UP ACTIONS   **DATE**

_____

OCCUPATION:_____

PROFILE | CONTACT DETAILS

EXPERIENCE | INTERESTS

FOLLOW UP ACTIONS   DATE

━━━━━━━━━━━━━━━━━━

OCCUPATION:_ _ _ _ _ _ _ _ _ _ _ _ _ _ _ _ _ _ _ _

PROFILE | **CONTACT DETAILS**

EXPERIENCE | **INTERESTS**

FOLLOW UP ACTIONS **DATE**

OCCUPATION:_____

PROFILE | CONTACT DETAILS

EXPERIENCE | INTERESTS

FOLLOW UP ACTIONS   DATE

OCCUPATION: _____

PROFILE | **CONTACT DETAILS**

EXPERIENCE | **INTERESTS**

FOLLOW UP ACTIONS   **DATE**

OCCUPATION:_ _ _ _ _ _ _ _ _ _ _ _ _ _ _ _ _

PROFILE | CONTACT DETAILS

EXPERIENCE | INTERESTS

FOLLOW UP ACTIONS   DATE

OCCUPATION:_ _ _ _ _ _ _ _ _ _ _ _ _ _

PROFILE | **CONTACT DETAILS**

EXPERIENCE | **INTERESTS**

FOLLOW UP ACTIONS　　　　　　　　　**DATE**

OCCUPATION: _____

PROFILE | CONTACT DETAILS

EXPERIENCE | INTERESTS

FOLLOW UP ACTIONS   DATE

OCCUPATION: _ _ _ _ _ _ _ _ _ _ _ _ _ _ _ _ _ _ _

PROFILE | **CONTACT DETAILS**

EXPERIENCE | **INTERESTS**

FOLLOW UP ACTIONS   **DATE**

OCCUPATION: _ _ _ _ _ _ _ _ _ _ _ _ _ _

PROFILE   **CONTACT DETAILS**

EXPERIENCE   **INTERESTS**

FOLLOW UP ACTIONS   **DATE**

━━━━━━━━━━━━━━━━━━

OCCUPATION: _ _ _ _ _ _ _ _ _ _ _ _ _ _ _

PROFILE | **CONTACT DETAILS**

EXPERIENCE | **INTERESTS**

FOLLOW UP ACTIONS   **DATE**

OCCUPATION:_____

PROFILE | CONTACT DETAILS

EXPERIENCE | INTERESTS

FOLLOW UP ACTIONS   DATE

OCCUPATION: _____

PROFILE | CONTACT DETAILS

EXPERIENCE | INTERESTS

FOLLOW UP ACTIONS   DATE

OCCUPATION:_____

PROFILE | CONTACT DETAILS

EXPERIENCE | INTERESTS

FOLLOW UP ACTIONS | **DATE**

OCCUPATION: _ _ _ _ _ _ _ _ _ _ _ _ _ _ _ _

PROFILE | **CONTACT DETAILS**

EXPERIENCE | **INTERESTS**

FOLLOW UP ACTIONS   **DATE**

OCCUPATION: _____

| PROFILE | CONTACT DETAILS |

| EXPERIENCE | INTERESTS |

FOLLOW UP ACTIONS   **DATE**

OCCUPATION:_____

PROFILE | **CONTACT DETAILS**

EXPERIENCE | **INTERESTS**

FOLLOW UP ACTIONS   **DATE**

OCCUPATION:_____

PROFILE | CONTACT DETAILS

EXPERIENCE | INTERESTS

FOLLOW UP ACTIONS   DATE

OCCUPATION:_____

PROFILE | CONTACT DETAILS

EXPERIENCE | INTERESTS

FOLLOW UP ACTIONS   DATE

OCCUPATION: _ _ _ _ _ _ _ _ _ _ _ _ _ _

PROFILE | CONTACT DETAILS

EXPERIENCE | INTERESTS

FOLLOW UP ACTIONS   DATE

OCCUPATION: _____

PROFILE   **CONTACT DETAILS**

EXPERIENCE   **INTERESTS**

FOLLOW UP ACTIONS   **DATE**

OCCUPATION:_____

PROFILE | CONTACT DETAILS

EXPERIENCE | INTERESTS

FOLLOW UP ACTIONS   DATE

OCCUPATION:_____

PROFILE   **CONTACT DETAILS**

EXPERIENCE   **INTERESTS**

FOLLOW UP ACTIONS   **DATE**

OCCUPATION:_____

PROFILE | CONTACT DETAILS

EXPERIENCE | INTERESTS

FOLLOW UP ACTIONS   DATE

OCCUPATION:_ _ _ _ _ _ _ _ _ _ _ _ _ _ _ _ _ _ _ _

PROFILE | **CONTACT DETAILS**

EXPERIENCE | **INTERESTS**

FOLLOW UP ACTIONS **DATE**

OCCUPATION:_ _

PROFILE | CONTACT DETAILS

EXPERIENCE | INTERESTS

FOLLOW UP ACTIONS   DATE

OCCUPATION:_ _ _ _ _ _ _ _ _ _ _ _ _ _ _ _ _ _ _

PROFILE   **CONTACT DETAILS**

EXPERIENCE   **INTERESTS**

FOLLOW UP ACTIONS   **DATE**

OCCUPATION:_ _ _ _ _ _ _ _ _ _ _ _ _ _ _ _ _ _ _ _

PROFILE | CONTACT DETAILS

EXPERIENCE | INTERESTS

FOLLOW UP ACTIONS   DATE

OCCUPATION:_____

PROFILE | CONTACT DETAILS

EXPERIENCE | INTERESTS

FOLLOW UP ACTIONS | DATE

OCCUPATION:_____

PROFILE | CONTACT DETAILS

EXPERIENCE | INTERESTS

FOLLOW UP ACTIONS   DATE

OCCUPATION: _ _ _ _ _ _ _ _ _ _ _ _ _ _ _ _ _

PROFILE   **CONTACT DETAILS**

EXPERIENCE   **INTERESTS**

FOLLOW UP ACTIONS   **DATE**

OCCUPATION:_____

PROFILE | **CONTACT DETAILS**

EXPERIENCE | **INTERESTS**

FOLLOW UP ACTIONS   **DATE**

OCCUPATION:_____

PROFILE | **CONTACT DETAILS**

EXPERIENCE | **INTERESTS**

FOLLOW UP ACTIONS   **DATE**

▬▬▬▬▬▬▬▬▬▬▬▬▬▬▬

OCCUPATION:_ _ _ _ _ _ _ _ _ _ _ _ _ _ _ _ _ _ _ _

PROFILE | CONTACT DETAILS

EXPERIENCE | INTERESTS

FOLLOW UP ACTIONS   DATE

OCCUPATION:_____

PROFILE   **CONTACT DETAILS**

EXPERIENCE   **INTERESTS**

FOLLOW UP ACTIONS   **DATE**

OCCUPATION:_____

PROFILE | CONTACT DETAILS

EXPERIENCE | INTERESTS

FOLLOW UP ACTIONS   DATE

OCCUPATION:_____

PROFILE | **CONTACT DETAILS**

EXPERIENCE | **INTERESTS**

FOLLOW UP ACTIONS **DATE**

OCCUPATION: _ _ _ _ _ _ _ _ _ _ _ _ _ _ _ _ _ _ _

PROFILE | CONTACT DETAILS

EXPERIENCE | INTERESTS

FOLLOW UP ACTIONS

DATE

OCCUPATION:_ _ _ _ _ _ _ _ _ _ _ _ _ _ _ _ _ _

PROFILE | **CONTACT DETAILS**

EXPERIENCE | **INTERESTS**

FOLLOW UP ACTIONS   **DATE**

OCCUPATION:_____

PROFILE | CONTACT DETAILS

EXPERIENCE | INTERESTS

FOLLOW UP ACTIONS DATE

OCCUPATION:_ _ _ _ _ _ _ _ _ _ _ _ _ _ _ _ _ _ _

PROFILE | CONTACT DETAILS

EXPERIENCE | INTERESTS

FOLLOW UP ACTIONS   DATE

OCCUPATION:_ _ _ _ _ _ _ _ _ _ _ _ _ _ _ _ _ _ _

PROFILE   **CONTACT DETAILS**

EXPERIENCE   **INTERESTS**

FOLLOW UP ACTIONS   DATE

OCCUPATION:_ _ _ _ _ _ _ _ _ _ _ _ _ _ _ _

PROFILE   **CONTACT DETAILS**

EXPERIENCE   **INTERESTS**

FOLLOW UP ACTIONS   **DATE**

OCCUPATION:_ _ _ _ _ _ _ _ _ _ _ _ _ _ _ _ _ _ _ _

PROFILE | CONTACT DETAILS

EXPERIENCE | INTERESTS

FOLLOW UP ACTIONS | DATE

OCCUPATION: _ _ _ _ _ _ _ _ _ _ _ _ _ _ _ _ _

PROFILE

CONTACT DETAILS

EXPERIENCE

INTERESTS

FOLLOW UP ACTIONS

DATE

OCCUPATION:_ _ _ _ _ _ _ _ _ _ _ _ _ _ _ _ _ _ _

PROFILE | CONTACT DETAILS

EXPERIENCE | INTERESTS

FOLLOW UP ACTIONS   DATE

OCCUPATION:_ _ _ _ _ _ _ _ _ _ _ _ _ _ _ _ _ _ _

PROFILE | **CONTACT DETAILS**

EXPERIENCE | **INTERESTS**

FOLLOW UP ACTIONS   **DATE**

OCCUPATION:_____

PROFILE | CONTACT DETAILS

EXPERIENCE | INTERESTS

FOLLOW UP ACTIONS   DATE

OCCUPATION: _____

PROFILE   **CONTACT DETAILS**

EXPERIENCE   **INTERESTS**

FOLLOW UP ACTIONS   **DATE**

OCCUPATION: _ _ _ _ _ _ _ _ _ _ _ _ _ _ _ _ _

PROFILE | **CONTACT DETAILS**

EXPERIENCE | **INTERESTS**

FOLLOW UP ACTIONS   **DATE**

OCCUPATION: _ _ _ _ _ _ _ _ _ _ _ _ _ _ _ _ _ _

PROFILE | **CONTACT DETAILS**

EXPERIENCE | **INTERESTS**

FOLLOW UP ACTIONS **DATE**

OCCUPATION:_ _ _ _ _ _ _ _ _ _ _ _ _ _ _ _ _ _

PROFILE | **CONTACT DETAILS**

EXPERIENCE | **INTERESTS**

FOLLOW UP ACTIONS   **DATE**

OCCUPATION:_ _ _ _ _ _ _ _ _ _ _ _ _ _ _ _ _

PROFILE | **CONTACT DETAILS**

EXPERIENCE | **INTERESTS**

FOLLOW UP ACTIONS   **DATE**

OCCUPATION: _ _ _ _ _ _ _ _ _ _ _ _ _ _ _ _

PROFILE | **CONTACT DETAILS**

EXPERIENCE | **INTERESTS**

FOLLOW UP ACTIONS   **DATE**

OCCUPATION:_____

PROFILE   **CONTACT DETAILS**

EXPERIENCE   **INTERESTS**

FOLLOW UP ACTIONS   **DATE**

Made in the USA
Monee, IL
02 February 2023

27052363R00057